Les contes musicaux écrits et racontés par

Marlène Jobert

Claire Delune
une maîtresse extraordinaire

Pour faire aimer
la musique de Beethoven

Illustration : Frédérick Mansot

EDITIONS ATLAS

Classe
de Mademoiselle
Claire DELUNE

Pauline, la petite rouquine, avait un vilain défaut : elle mentait. Elle mentait tout le temps, elle ne pouvait pas s'en empêcher. La réalité ne lui paraissait jamais assez belle, alors elle la transformait, la déguisait, l'enjolivait…
Et, très souvent même, elle l'inventait complètement.
Quand elle était toute petite, ce qu'elle racontait amusait tout le monde…
Mais, maintenant qu'elle avait grandi, plus personne ne supportait ses mensonges, ni ses parents, ni sa maîtresse, ni ses amis.
Dans son école, lorsqu'un enfant avait ce genre de problème, le directeur l'envoyait quelque temps dans la classe de Mademoiselle Claire Delune.
Et voilà pourquoi, un matin, Pauline s'y retrouva.
À première vue, à part son drôle de nom, cette fameuse Claire Delune n'avait rien d'extraordinaire. Vraiment rien… Et pourtant…

Et pourtant, au moment où le petit Mathieu prétendit avoir oublié son cahier de devoirs à la maison, le visage de Mademoiselle Claire Delune changea complètement : il devint dur et effrayant, ses yeux lancèrent des éclairs, puis une impressionnante musique de Beethoven, surgie de nulle part éclata.
Alors, tout ce qui se trouvait dans le cartable de Mathieu partit en vol plané. En premier, bien sûr, son cahier de devoirs, puis ses stylos, ses livres, son goûter… Tout ! Jusqu'au moindre petit bout de papier.
Les élèves, en se tordant de rire, essayaient d'attraper ce qui passait au-dessus de leurs têtes.

Le petit garçon, tout rouge de honte, avoua :

- Ce n'est pas vrai. J'ai menti. Je n'ai pas fait mon devoir.

À ces mots, Mademoiselle Claire Delune retrouva un visage charmant.

Elle se frotta le bout du nez et, aussitôt, le contenu du cartable, comme aspiré par un courant d'air, retourna d'où il venait.

Pauline, elle, c'était les yeux qu'elle se frottait en se demandant si elle n'avait pas rêvé… Elle était stupéfiée par ce magnifique tour de magie.

- Mais ce n'est pas une maîtresse, c'est une sorcière ! ça alors !

Un peu plus tard, Chloé eut un 18 en dictée. Le regard de Claire Delune s'illumina alors de mille petites étoiles dorées. Et une autre musique de Beethoven, douce et légère cette fois, papillonna autour d'elle.

- C'est la première fois que tu as une si bonne note. Elle caressa le cou de Chloé, et à l'endroit que ses doigts venaient de frôler apparut un superbe collier.

Pauline ne comprenait plus rien.

- Voilà que la sorcière se transforme en fée ! ça alors !

Mais, l'après-midi, Julien laissa échapper un gros, gros, gros, gros mot, et la fée redevint sorcière…

La langue du petit garçon jaillit de sa bouche et s'allongea, s'allongea… d'au moins vingt centimètres !

Ah ! Il avait l'air malin, le pauvre Julien, avec cette langue qu'il n'arrivait plus à rentrer ! Et cela dura, dura, dura... jusqu'à ce que Claire Delune se frotte le bout du nez.

Pauline trouva ce nouveau tour de magie terriblement inquiétant, mais si drôle à la fois que comme tous les autres enfants elle rit aux éclats.

Quelle journée extraordinaire ! Bien plus extraordinaire encore que si Pauline l'avait elle-même inventée !

Aussi, le soir, à la maison, elle n'éprouva pas du tout le besoin de transformer la réalité. Elle raconta exactement ce qui s'était passé... Seulement voilà...

Ses parents avaient tellement l'habitude de l'entendre dire n'importe quoi qu'ils ne crurent pas un mot de son histoire de fée-sorcière !

- Je vous jure que c'est la vérité vraie ! Je vous jure, répétait-elle sans arrêt. Mais cela ne servait à rien, ils ne l'écoutaient pas.

Jamais encore Pauline n'avait été aussi déçue qu'on ne la croie pas.

Le deuxième jour, à la récréation, Pauline, qui dans son coin s'ennuyait un peu, voulut attirer l'attention de ses camarades.

- Dans mon ancienne classe, en calcul je n'avais que des vingt !

À peine avait-elle terminé sa phrase, que ses cheveux se dressèrent, durs et raides, comme les piquants d'un porc-épic.

Affolée, le souffle coupé par la surprise, elle bafouilla :

- Non... Je voulais dire... Je n'avais pas que des vingt, j'aurais pu hein ! Mais... j'ai horreur du calcul...

Et, aussitôt, ses cheveux retombèrent sur ses épaules.

3
2
1

Hélas ! L'étourdie oublia très vite cette petite leçon. Et quelques minutes plus tard...

- N'empêche que si on m'a changé de classe, c'est parce que j'apprenais trop vite, alors ça énervait la maîtresse.

Et les voilà repartis, les cheveux de Pauline ! Mais cette fois, en tire-bouchon ! Comme des centaines de petits ressorts, ils montaient et descendaient, remontaient et redescendaient autour de sa tête. Et à chaque fois la pauvre petite sursautait. Elle essayait de les retenir... Elle essayait, elle essayait... Mais il n'y avait rien à faire ! De grosses larmes roulaient sur ses joues, pendant que de tous les côtés les rires explosaient.

Là-bas, derrière la vitre de la classe, les yeux de la maîtresse-sorcière lançaient des éclairs.

Alors, entre deux sursauts, Pauline avoua :

- On m'a changé, hic, de classe, hic, parce que, hic, je suis une menteuse, hic !

Et, aussitôt, la maîtresse-sorcière disparut.

Comme disparurent aussi, et subitement, tous les rires de la cour de récréation.

Les cheveux de Pauline avaient retrouvé leur place, souples et doux comme avant.

Elle les caressa en tremblant.

Tout le reste de la journée, Claire Delune fit comme si de rien n'était. Mais les élèves entre eux n'arrêtaient pas de chuchoter. La petite Pauline avait le cœur gros.

- Ils se moquent de moi, c'est sûr !

Lorsqu'elle rentra à la maison, ses parents furent très étonnés de la voir filer directement dans sa chambre sans dire un mot. Elle aurait bien aimé leur confier ses malheurs, mais à quoi bon puisqu'ils ne la croyaient plus.
Plus tard, elle entendit son papa jouer du piano. La musique qu'il avait choisie tombait mal ce soir-là. Bien sûr qu'elle était jolie, cette musique, mais elle était si mélancolique. Elle rendit Pauline plus triste encore… désespérée…

Pendant le dîner, elle demanda comment cette musique s'appelait.

Et son père en souriant lui répondit :

- "La sonate au clair de lune", ma chérie.

Pauline haussa les épaules. Elle trouva cette plaisanterie... vexante.

Vraiment, il exagérait son papa ! N'était-elle pas assez malheureuse comme cela !

Lorsqu'elle partit se coucher, elle passa devant le piano et jeta un coup d'œil sur la partition... Elle lut le titre du morceau et n'en crut pas ses yeux...

- "Sonate au clair de lune", de Beethoven... Cette musique existe pour de vrai ? ça alors !...

Le troisième jour, elle aurait tout donné, tout, pour ne pas être obligée de retourner à l'école. Cette école que maintenant elle détestait. Ah ! Elle aurait voulu que quelque chose d'exceptionnel se produise. Que des extraterrestres envahissent le quartier, que les maisons s'envolent, qu'il pleuve des éléphants ! N'importe quoi ! Plutôt que de revoir cette maîtresse-sorcière… Et, pourtant, cela aurait été bien dommage ! Car, ce jour-là, une agréable surprise l'attendait…

Claire Delune demanda à chaque élève de raconter une histoire de son invention. Quand arriva le tour de Pauline, ses camarades se poussèrent du coude en ricanant. Mais, dès qu'elle commença, le silence s'installa. Non seulement ce qu'elle racontait les passionnait, mais en plus, les mots qu'elle prononçait sortaient tout écrits de sa bouche. Et, les lettres, après s'être promenées dans l'air à travers la classe allaient s'engouffrer une par une dans le tiroir du bureau de la maîtresse.

Quand Pauline eut terminé, Claire Delune lui fit un éblouissant sourire de fée :
- Tu as vraiment beaucoup d'imagination ! Bravo ! Ton histoire est aujourd'hui la plus belle. Approche, viens chercher ton cadeau. Et de son tiroir elle sortit… un livre, très, très beau…
Pauline, toute émue, l'ouvrit en tremblant. Et que découvrit-elle à l'intérieur ?
Tous les mots de son histoire, sortis de sa bouche tout à l'heure, étaient écrits là… imprimés… comme dans un vrai livre ! ça alors ! Elle tourna les autres pages… elles étaient complètement blanches. Elle regarda sa maîtresse, attendant d'elle une explication.
- À toi de les remplir maintenant ! Tu pourras y écrire tout ce qui te passe par la tête… tout ! Tes idées les plus extraordinaires ainsi que tes rêves les plus fous…

Le soir, dans son lit, Pauline repensa à la journée exceptionnelle qu'elle venait de vivre. Claire Delune lui avait fait comprendre une chose très importante en lui offrant ce livre…

- En vérité, il n'y a pas tellement de différence entre mentir et inventer… Il suffit de bien dire : c'est une histoire que je vais vous raconter… et là tout le monde est content ! Moi, quand je serai grande, je serai écrivain, et plus personne ne se moquera de moi !

Tout excitée par ce projet, elle avait du mal à trouver le sommeil, quand la "Sonate au clair de lune" arriva jusqu'à ses oreilles.

- C'est drôle... C'est pourtant la même mélodie qu'hier, celle qui m'a fait pleurer !

Et ce soir, elle ne me fait plus pareil, c'est comme une caresse... ça alors !

Puis elle s'endormit bercée par Beethoven et sa "Sonate au clair de lune"...

À l'époque de cette histoire, Claire Delune était une très jeune femme. Aujourd'hui, c'est une charmante vieille dame, toujours maîtresse et toujours aussi extraordinaire.
Mais je ne vous dirai pas dans quelle école elle enseigne… Vous voudriez tous y aller !
Quant à Pauline, la petite rouquine, fâchée avec la réalité, vous n'avez toujours pas deviné qui c'était ? Non ? C'était moi !
Et si, depuis, j'écris des histoires, vous comprenez pourquoi ! Voilà pourquoi aussi je ne mens plus jamais… Enfin, presque jamais !

Édité par :
Éditions Glénat

Services éditoriaux et commerciaux :
31-33, rue Ernest Renan
92130 Issy-les-Moulineaux

Avec la participation de Marlène Jobert

Conseiller artistique : Jean-Louis Couturier
Photo de couverture : Eric Robert/Corbis
Illustrations de couverture : Frédérick Mansot

Achevé d'imprimer en octobre 2007 en Italie par l'imprimerie Eurografica
Via del Progresso, 125
36035 Marano - Vicenza

Dépôt légal : octobre 2007
ISBN : 978-2-7234-6118-4

Loi n° 49-956 du 16 juillet 1949 sur les publications destinées à la jeunesse.